Letters To My Soul

lafzon ka silsila...

Ayeesha Masrath

BookLeaf Publishing

India | USA | UK

Made with ❤ on the BookLeaf Publishing Platform
www.bookleafpub.in
www.bookleafpub.com

Dedication

Preface

Welcome to *Letters to My Soul* an intimate conversations, reflections, and observations penned from the heart. This book gathers poems written in a natural blend of the languages that echo my own world: Hindi, Urdu, and English.

Together, they form a tapestry exploring life in its raw beauty, love in its many forms, and the quiet, persistent journey of finding and raising one's own spirit. These verses navigate the emotional spectrum – the joys, the sorrows, the quiet moments, the inner battles.

My deepest wish is that as you read, you find echoes of your own experiences, feel a sense of connection, and emerge with a reinforced glimmer of hope.

Acknowledgements

My deepest gratitude goes first and foremost to God, for
the blessing of creativity and the profound opportunity
to share these words. This book wouldn't be in your
hands without the wonderful team at Bookleaf
Publishing; thank you for making this dream a reality
and for championing aspiring writers everywhere.
These poems are woven from the threads of life itself –
the countless experiences and stories I've been privileged
to witness, hear, and live. They have nourished my
creative soul, and it is my sincere hope that the resulting
words strike a chord within you, the reader.
Finally, to my loved ones – my family & friends – your
unwavering belief in my dreams has been my constant
anchor and encouragement. Thank you for always being
there.

1. Nazariya

Zaroori nahi har dard mera ho
Har marz mera ho
Kuch seekhe tho kuch sikhlaayese sabakh hain

Mujhe meri tehreeron se na maapo
Mere kehne se agar sab sach hota
Tho dekh ..... tujhe har zarre me khuda dikhta

Gum ki na koi basti hoti
Na koi aashiq bezaar hota
Ek lafz me kahen ...tho koi aaj shayar na hota

Bus in lafzon ko sunnaa
Agar do pal ke liye isme khud ko pa lo tho
Bus agli bar bhi zehen se nahi, dil se aa jana

-Masrath

ज़रूरी नहीं हर दर्द मेरा हो
हर मर्ज़ मेरा हो
कुछ सीखे तो कुछ सिखलाए सबक़ हैं

मुझे मेरी तहरीरों से न मापो
मेरे कहने से अगर सब सच होता
तो देख ..... तुझे हर ज़र्रें में ख़ुदा दिखता

ग़म की न कोई बस्ती होती
न कोई आशिक़ बेज़ार होता
एक लफ़्ज़ में कहें ...तो कोई आज शायर न होता

बस इन लफ़्ज़ों को सुनना
अगर दो पल के लिए इसमें ख़ुद को पा लो तो
बस अगली बार भी ज़ेहन से नहीं, दिल से आ जाना
-*Masrath*

2. Ek Ishq Aisa bhi ho

Aaj kisi ka intezaar nahi
Aaj kisi ka gham nahi
Aaj khud me thame thame hum kahin

Tehraw sa hai zindagi me ab kahin
Tehraw kisi ke aane se nahi
Tehraw kisi ke jaane de nahi
Bus maujud hoon aaj me khud ki chaahat me yahin

Sab musafir hain
Apni apni basti ke bashinde hain
Pal do pal ke saathi saathi hain
Kyun khojen in me khud ko kahin

Safar ko manzil bana tu
Manzil ki aas me safar ke tajurbe ko na kho tu
Har mod pe apna naam likte bus aage bad tu

Roohdar ki ass me na khud ki rooh ko khona
Khud se ishq kar us khuda se ishq kar

Teri rooh uski kaiynaath se ek hojae bus yahi duwa kar

dhoond na khud ko kisi me.. sab musafir hain
Tu safar se ishq kar
Safar ki oonchaiyon me khud ko kho na dena
Kamiyabi ki keemat se khud ko tol na dena

Jo raasta laya hai tujhe Teri unchaiyon pe
Us raaste ko bhula na dena
Jab bhi dagmagaoge yahi raah se fir tu ooncha ud lena

Aasman tera hai tu udaan bhar lena
Par ghonsla tera zameen par hai
Laut aane ki raah na bhulaa dena
Asman tera hai tu udaan bhar lena

Yaad rakhna tu tera rahbar hai..
Tere sabkh tere rehnuma hai
Kisi musafir ki aas na karna
Tu bus khud se ishq karna

Seene me base apne ghar ko yaad rakhna
Jab bhi shaam dhale is par daskat dena tu
Intezaar kar rahe us aaine ko yaad rakhna tu

Kahaa kar khudse tu
Chal ghar chal wahin apne seene me kahin

Chal ghar chal
-Masrath

आज किसी का इंतज़ार नहीं
आज किसी का ग़म नहीं
आज ख़ुद में थमे थमे हम कहीं

ठहराव सा है ज़िन्दगी में अब कहीं
ठहराव किसी के आने से नहीं
ठहराव किसी के जाने से नहीं
बस मौजूद हूँ आज में ख़ुद की चाहत में यहीं

सब मुसाफ़िर हैं
अपनी अपनी बस्ती के बाशिंदे हैं
पल दो पल के साथी साथी हैं
क्यूँ खोजें इनमें ख़ुद को कहीं

सफ़र को मंज़िल बना तू
मंज़िल की आस में सफ़र के तजुर्बे को ना खो तू
हर मोड़ पे अपना नाम लिखते बस आगे बढ़ तू

रूहदार की आस में ना ख़ुद की रूह को खोना
ख़ुद से इश्क़ कर उस ख़ुदा से इश्क़ कर
तेरी रूह उसकी कायनात से एक हो जाए बस यही दुआ कर

ढूँढ ना ख़ुद को किसी में.. सब मुसाफ़िर हैं
तू सफ़र से इश्क़ कर

सफ़र की ऊँचाइयों में ख़ुद को खो ना देना
कामयाबी की क़ीमत से ख़ुद को तोल ना देना

जो रास्ता लाया है तुझे तेरी ऊँचाइयों पे
उस रास्ते को भुला ना देना
जब भी डगमगाओगे यही राह से फिर तू ऊँचा उड़ लेना

आसमान तेरा है तू उड़ान भर लेना
पर घोंसला तेरा ज़मीन पर है
लौट आने की राह ना भुला देना
आसमान तेरा है तू उड़ान भर लेना

याद रखना तू तेरा रहबर है..
तेरे सबक़ तेरे रहनुमा हैं
किसी मुसाफ़िर की आस ना करना
तू बस ख़ुद से इश्क़ करना

सीने में बसे अपने घर को याद रखना
जब भी शाम ढले इस पर दस्तक देना तू
इंतज़ार कर रहे उस आईने को याद रखना तू

कहा कर ख़ुद से तू
चल घर चल वहीं अपने सीने में कहीं
चल घर चल
-Masrath

3. Dear Soul, Come Back Home

Dear Soul, Come Back Home

Sometimes, you need to let go,
Learn not to expect the same,
Give each person their own time,
Their own space.

Learn to wait for answers,
Stop worrying about being there for them—
Not even knowing if they ever needed you.

Stop fearing their void,
When they never even arrived.

Stop hesitating to walk away,
When they never even let you in.

Tell me, dear soul, why do you wander?
Peering through doors, searching through windows...

There is no one coming,
No one leaving.
It's only you—waiting.
Waiting to return.
Dear soul, come back home.
-Masrath

4. Stay With Me

Stay With Me
As I stay down there with all my despair,
Just right after my prayer, pleading my hope to stay.

Stay in my faith that I have in you,
Stay in my love that I seek in you,
Stay in my soul that I search in you.

I know nothing of tomorrow,
Nothing of what happened today and yesterday.
All I know is the next moment that exists,
And I will take it—
One at a time... one at a time.

In my darkest corner, I seek your light.
In my deepest despair, I seek your warmth.
My beloved, my Lord—nothing but you.
I fight, I ask, I confide.

Each moment that's past, I question none but you.

Your words called *Maktub*—is it you or me that writes
Maktub?

I'm no *Majnu*, no *Ashiq* seeking love.
I seek my peace... my contentment... my peace.

I stay there, asking for strength to move,
Strength to believe again in my prayers,
Strength to know you're still there.

Oh, my hope... stay there.
Stay in my prayers, my faith, my promises.
Stay in my death—the only promise that will not be
broken.
Stay with me till my end!

-Masrath

5. Nadir al-Wajood (The Phoenix)

Kahaan se the chale,
Kahaan aa pahunche...
Itne kadam ajnabi-ajnabi se, kis karwaan mein chal diye?

Na meri raah tumhari,
Na tumhaara rasta mera.
Ek doosre ko kheenchte apni-apni aur, dekho kahaan
chhoot gaye.

Kitne kadam kahaan gaye sabab nahi.
Hum kahaan tumse chhoot gaye, tumhe palatne ki fursat
nahi.

Na zimma tumhara...
Na galti tumhari...
Na galat main...
Bas halaat apne kaafir nikle.

Humse haara har ek kadam, tumhe do kadam door le
chala.

Ab bas koi umeed ki duniya nahi,
Na tum tum rahe, aur na main main raha.

Tum khush raho...
Main halaaton ka jakda... tumhe khushi kahaan de
paaunga?
Main khaak hoon, khaak hi ho jaunga.

Shayad yeh khaak mein chhupi aag ka woh dhera nikle,
Shayad woh mera ek naya savera nikle.

Nayi zindagi ko roshan karne ki roshni nikle,
Ek nayi raah mere aage nikle.

Sab se pare, uparwale ki mashaal par bharosa jisko ho,
Uski marzi ho toh shayad...
Is raakh ko cheerte hue "Nadir al-Wajood" nikle.

-Masrath

कहाँ से थे चले,
कहाँ आ पहुँचे...
इतने कदम अजनबी-अजनबी से, किस कारवाँ में चल दिये?

ना मेरी राह तुम्हारी,
ना तुम्हारा रास्ता मेरा।
एक दूसरे को खींचते अपनी-अपनी ओर, देखो कहाँ छूट गये।

कितने कदम कहाँ गये सबब नहीं।
हम कहाँ तुमसे छूट गये, तुम्हें पलटने की फुर्सत नहीं।

ना ज़िम्मा तुम्हारा...
ना ग़लती तुम्हारी...
ना ग़लत मैं...
बस हालात अपने काफ़िर निकले।
हमसे हारा हर एक कदम, तुम्हें दो कदम दूर ले चला।

अब बस कोई उम्मीद की दुनिया नहीं,
ना तुम तुम रहे, और ना मैं मैं रहा।

तुम ख़ुश रहो...
मैं हालातों का जकड़ा... तुम्हें ख़ुशी कहाँ दे पाऊँगा?
मैं ख़ाक हूँ, ख़ाक ही हो जाऊँगा।

शायद यह ख़ाक में छुपी आग का वो ढेरा निकले,

शायद वो मेरा एक नया सवेरा निकले।

नयी ज़िंदगी को रोशन करने की रोशनी निकले,
एक नयी राह मेरे आगे निकले।

सब से परे, ऊपरवाले की मशाल पर भरोसा जिसको हो,
उसकी मर्ज़ी हो तो शायद...
इस राख को चीरते हुए "नादिर अल-वजूद" निकले।

-Masrath

6. Iztiraab-e-dil

Sab ke marz ban gaye,
Ek toota dil hi na jud sake.
Bas la-haasil arzoon ke lahoo mein doobe reh gaye.

Woh, baad muddat, nazaron ko haasil jo hua,
Barson se jamme sawalon ne kaha—
Maujood toh hai woh,
Par dil se kahin aur hai woh.

Saath baith kar chaar baatein bhi kar li,
Par har baat pe ek aur zakham de rahe the woh.
Hum has kar muskuraa rahe the,
Unki khushi mein khud khush hone ki koshish kar rahe
the.

Yeh iztiraab-e-dil ko kya samjhaayein?
Pal mein unke na hone se bezaar,
Pal mein unke hone ki tamanna.

Kaise samjhaayein ki bas tera yahi tak haq hai?
Jo bhi hai, bas apne tak hai.

Mukhtasir zindagi ka toh sirf yahi hai...
Hamaare na hokar bhi hum unke hain.
Yeh dard unka hai, is besabr dil ka sabr bhi unka hai.

Zaalim bhi wahi hai, munsif bhi wahi,
Zakham bhi wahi, dawa bhi wahi.

Bas, ab intezaar hai dil se zehen ke safar ka...
Shayad zehen hi aaina dikhaaye,
Bezaar dil ko shayad yahi samjhaaye.

-Masrath

सब के मर्ज़ बन गये,
एक टूटा दिल ही ना जुड़ सके।
बस ला-हासिल आरज़ूओं के लहू में डूबे रह गये।

वो, बाद मुद्दत, नज़रों को हासिल जो हुआ,
बरसों से जमे सवालों ने कहा—
मौजूद तो है वो,
पर दिल से कहीं और है वो।

साथ बैठ कर चार बातें भी कर लीं,
पर हर बात पे एक और ज़ख़्म दे रहे थे वो।

हम हँस कर मुस्कुरा रहे थे,
उनकी ख़ुशी में ख़ुद ख़ुश होने की कोशिश कर रहे थे।

यह इज़्तिराब दिल को क्या समझाएँ?
पल में उनके ना होने से बेज़ार,
पल में उनके होने की तमन्ना।
कैसे समझाएँ कि बस तेरा यहीं तक हक़ है?
जो भी है, बस अपने तक है।

मुख़्तसर ज़िंदगी का तो सिर्फ़ यही है...
हमारे ना होकर भी हम उनके हैं।
यह दर्द उनका है, इस बेसब्र दिल का सब्र भी उनका है।

ज़ालिम भी वही है, मुंसिफ़ भी वही,
ज़ख़्म भी वही, दवा भी वही।

बस, अब इंतज़ार है दिल से ज़ेहन के सफ़र का...
शायद ज़ेहन ही आईना दिखाए,
बेज़ार दिल को शायद यही समझाए।

-*Masrath*

7. Happiness

Happiness is what we set "The state of absolute peace is
when you detach your reasons for joy and happiness
from people, places & things ..."

Peace is happiness
My joy is not bound anymore
Happiness is just to lay in bed on a silent Sunday
afternoon
Happiness is stillness of life

Happiness is when I see bubbles and kids playing
Happiness is knowing the child in you still wants to
blow a bubble
Happiness is being silly

Happiness is watching stars in the sky on a cold night
Sipping some warm tea .
Warmth of cuddling in ur own arms .. and knowing your
happy in them
Happiness is loving urself

Happiness is getting back home to a calm home
Putt off your shoes and have nothing to think of
Happiness is calmness
Happiness is taking a walk with a friend you can be
yourself knowing ur not being judged
Happiness is being you

Happiness is looking at past
Counting ur strengths with the teardrops shed
Forgiving yourself and others
Pat ur back for growing wiser
Happiness is letting go..

Happiness is loving
And knowing love is not bondage of spirits
Its letting the soul be itself and loving it as with its flaws
Happiness is loving with no expectations

Happiness is living in that moment
Happiness is what you define
Don't wait to be happy...
Just live ... just be happy

-Masrath

8. Love

I feel thankful to God for every bit of my life.
The content I feel at heart... words wouldn't suffice.

I need nothing more from it; just the thought you miss
me would do.
I expect nothing, you need not say a thing, yet I know
everything.

We're bound with no ties; it's a feeling that holds us, not
the worldly ties.
Love is a journey; it needs no name, no tag to survive.
It's a journey we live on, even when we die.
We live in memories.

I don't need a destination; I don't need to arrive.
I'll travel each day as it comes, with its shine and
darkness by its side.
I'll soak in and celebrate the shining sun,
Cuddle underneath your love during the darkest days.

I'll drench in the joy of loving you, hide my tears in the rain when I miss you.
I'll grow strong as each day comes and blooms brighter.
All I know is this journey; I look for no destination.

I'd travel miles, with a heart crazy as a kid, pounding endlessly,
Chasing the little butterfly... it knows nothing but the joy of holding it and letting it go.
For your heart knows it's the only way it'll survive.

Every time I breathe, I know I'm alive.

-Masrath

9. Waqt

Har waqt kuch sikhata hai,
Har rishta kuch sikhlaata hai.

Kabhi jo hamaare ek tasavvur ke liye tadapte,
Aaj jo hum unke ho chuke...
Ab hamara tasavvur unki ek aankh ke liye taras raha hai.

Soch rahe hain—wo baatein, wo din, sharaarat aur ishq-
e-Gulzar ke...
Aaj sirf wo hain, aur unke din masroofiyat ke.
Haan, waqt badalta hai, har shaks badalta hai.

Par bas itni si hi umeed thi ke tum "har shaks" nahi the,
Aur hum bas "ek aur" nahi the.

Haan, waqt sikhata hai...
Ranjish se aur char ghar chalo,
Hausle ke kadmon pe...
Wo jo tumhari justuju mein baitha hai, wahi rehta hai.
Aaina dekho... wo tumhara intezaar kar raha hai.

Khud se mohabbat na ki,
Toh kisi aur se umeed kyun?

Bas, ab laut aao ghar...
Har darwaaza sirf mehmaan banata hai,
Pal ki khushi de, band ho jaata hai.

Bas, ab laut aao ghar...
Jahaan sirf tum aur tumhari rooh base,
Khamoshi base... sukoon base...!!

-*Masrath*

हर वक़्त कुछ सिखाता है,
हर रिश्ता कुछ सिखलाता है।

कभी जो हमारे एक तसव्वुर के लिए तड़पते,
आज जो हम उनके हो चुके...
अब हमारा तसव्वुर उनकी एक आँख के लिए तरस रहा है।

सोच रहे हैं—वो बातें, वो दिन, शरारत और इश्क़-ए-गुलज़ार के...
आज सिर्फ़ वो हैं, और उनके दिन मसरूफ़ियत के।
हाँ, वक़्त बदलता है, हर शख़्स बदलता है।

पर बस इतनी सी ही उम्मीद थी के तुम "हर शख़्स" नहीं थे,

और हम बस "एक और" नहीं थे।

हाँ, वक़्त सिखाता है...
रंजिश से और चार घर चलो,
हौसले के क़दमों पे...
वो जो तुम्हारी जुस्तजू में बैठा है, वही रहता है।
आईना देखो... वो तुम्हारा इंतज़ार कर रहा है।

ख़ुद से मोहब्बत ना की,
तो किसी और से उम्मीद क्यों?

बस, अब लौट आओ घर...
हर दरवाज़ा सिर्फ़ मेहमान बनाता है,
पल की ख़ुशी दे, बंद हो जाता है।

बस, अब लौट आओ घर...
जहाँ सिर्फ़ तुम और तुम्हारी रूह बसे,
ख़ामोशी बसे... सुकून बसे...!!

-Masrath

10. Kuch dard ache hain

Kuch dard ache hain.
Kuch la-hasil khwahishen zaroori hain.

Kuch dardon se doob kar nikalna zaroori hai.
Haan, aaj ki aehmiyat ke liye kuch kal ke zakhm zaroori
hain.

Haasil hui har cheez ki aehmiyat jaan ne ke liye,
Woh lachaar, bebas hona zaroori tha.
Khud mein base woh jazbe ka nikalna zaroori tha.

Apni hadon se paar udne ke liye...
Hadon ko samajhna zaroori tha.
Baar baar logon ko inhe yaad dilaana zaroori tha.
Unhe ghalat thehraana zaroori tha.
Haan, kuch dard zaroori tha.

Apni junoon ki behoshi mein,
Hosh mein rehna zaroori tha.

Woh dard ko bardasht karne se jo himmat mili,
Woh himmat ka hona... woh dard se guzarna zaroori tha.

Un chattaanon ko cheer kar neher se nadi,
Nadi se samundar hona tha.
Is safar mein dard toh hona tha.

-Masrath

कुछ दर्द अच्छे हैं।
कुछ ला-हासिल ख्वाहिशें ज़रूरी हैं।

कुछ दर्दों से डूब कर निकलना ज़रूरी है।
हाँ, आज की अहमियत के लिए कुछ कल के ज़ख़्म ज़रूरी हैं।

हासिल हुई हर चीज़ की अहमियत जानने के लिए,
वो लाचार, बेबस होना ज़रूरी था।
ख़ुद में बसे वो जज़्बे का निकलना ज़रूरी था।

अपनी हदों से पार उड़ने के लिए...
हदों को समझना ज़रूरी था।
बार बार लोगों को इन्हें याद दिलाना ज़रूरी था।
उन्हें ग़लत ठहराना ज़रूरी था।
हाँ, कुछ दर्द ज़रूरी था।

अपनी जुनून की बेहोशी में,
होश में रहना ज़रूरी था।

वो दर्द को बर्दाश्त करने से जो हिम्मत मिली,
वो हिम्मत का होना... वो दर्द से गुज़रना ज़रूरी था।

उन चट्टानों को चीर कर नहर से नदी,
नदी से समुंदर होना था।
इस सफ़र में दर्द तो होना था।

-Masrath

11. Little kid

As life moves its stride,
I want no one by my side.

Pangs in heart make no more noise;
I close my eyes and pick my choice:

Choice not to hear, Choice not to see.
Curl in my own arms as I hug the soul in me.

Little vulnerable soul, the little child in me,
Always exploring, missing, stumbling, giggling me.

"You stay the same, lil' you," I tell the little soul.
"It's an ocean out there; learn to swim and hold no
anchor, lil' you."

Your faith in you, your belief in you, will take you
through.
Don't let the anchor reach you, drown you!

You are strong. You need nobody.
Close your eyes, hear the sounds around you.

Hear that heart talk, see the God in you.
Be the spring, the spring that spreads the warmth.

Don't stay too long... Keep moving, keep walking...
Springs don't die; they move across giving life

live on keep the little kid in you alive...

-Masrath

12. Just a Thought

Saw the little hummingbird...
It reminds me of myself.
It feels nice and reminds me of what I am deep down—
Emotional, high on energy, silly sometimes, too much
love to give...
And thinking everything can be good, it's just my
perspective that needs to change.
Self-critical,
Always fighting the battle of good vs. bad in my mind
about my actions,
Losing myself somewhere, trying to change for someone
—
To be accepted the way they want.
Every time they said whatever I was, was wrong,
That I needed to constantly change myself to be
acceptable.
I never realized they should love you the way you are,
Not for being a version or product they want to see in
you.

But now I've realized—if you can't accept someone the
way they are,
Then you never truly can.
Because you can never really change... you are who you
are.
You've grown up that way.
People have loved you all your life for the way you are.
If they can't see the best in you, no matter that the entire
world sees it,
It's because they just can't!
They want to see *their version* of "best"—
Which you can never be.
The expectations will never end...
You fill one gap, and they create another.
It's never-ending.
So just live on!!

-*Masrath*

13. Rishte

Har rishte ka koi naam nahi hota.
Dilon ki raahon pe chalne waalon ka mustaqbil nahi
hota.

In zarri cheezon se dilon ka junoon nahi mitta.
In sab se pare apna ek aasmaan hai,
Jahaan hum be-kauf parinde hain.
Apni hi silwate hain, apni hi daraaren.
In sab ko bhool apna ek jahaan hai.

Na bayaan kar sakenge jazbaat kya hain,
Na bayaan kar sakenge jazbaat kyun hain.

Har alfaaz zarra lage... har harkat kam lage.
Chhodo in uljhanon mein kya rakha hai.
Dil ka har taar... taar juda hua hai.

Tu kisi bhi raah chale... chahe koi bhi manzil chune...
Yeh roohon ka silsila hai, meri jaan.
Dum ba dum saath rahenge.

Roohdaar hain, tere saath girenge, saath uthenge.
Teri manzil mein Teri khushi talaashenge.
Teri rooh mein base ehsaas se ji lenge.

-Masrath

हर रिश्ते का कोई नाम नहीं होता।
दिलों की राहों पे चलने वालों का मुस्तक़बिल नहीं होता।

इन ज़री चीज़ों से दिलों का जुनून नहीं मिटता।
इन सब से परे अपना एक आसमान है,
जहां हम बे-ख़ौफ़ परिंदे हैं।
अपनी ही सिलवटें हैं, अपनी ही दरारें।
इन सब को भूल अपना एक जहां है।

ना बयां कर सकेंगे जज़्बात क्या हैं,
ना बयां कर सकेंगे जज़्बात क्यों हैं।

हर अल्फ़ाज़ ज़र्रा लगे... हर हरकत कम लगे।
छोड़ो इन उलझनों में क्या रखा है।
दिल का हर तार... तार जुड़ा हुआ है।

तू किसी भी राह चले... चाहे कोई भी मंज़िल चुने...
यह रूहों का सिलसिला है, मेरी जान।
दम ब दम साथ रहेंगे।

रूहदार हैं, तेरे साथ गिरेंगे, साथ उठेंगे।
तेरी मंज़िल में तेरी ख़ुशी तलाशेंगे।
तेरी रूह में बसे एहसास से जी लेंगे।

-*Masrath*

14. Benaam

Na ho kisi ka ghum.
Mere ishq ki masroofiyat mein jeene do...

Mujhe kisi se koi shikwa, koi parhez nahi...
Mere ghumgashta ehsaason ko kisi ka intezar nahi...
Meri tasalliyon mein soya hoon...
Mujhe rehne do...

Koi jazbaaton ki sehr ka shauk nahi.
Inhe wahin rehne do... Kisi ki aas nahi, kisi ka intezaar
nahi...
Bas main, mera dil aur zehan ki shararaton mein mujhe
base rehne do...

Main na koi kisi ka mureed, na kisi ka peer,
Na main faqir, na main mulla.

Main benaam ghumgashta...
Mujhe benaam rehne do.
-Masrath

ना हो किसी का ग़म।
मेरे इश्क़ की मसरूफ़ियत में जीने दो...

मुझे किसी से कोई शिकवा, कोई परहेज़ नहीं...
मेरे गुमगुश्ता एहसासों को किसी का इंतज़ार नहीं...
मेरी तसल्लियों में सोया हूँ...
मुझे रहने दो...

कोई जज़्बातों की सेहर का शौक़ नहीं।
इन्हें वहीं रहने दो... किसी की आस नहीं, किसी का इंतज़ार नहीं...
बस मैं, मेरा दिल और ज़ेहन की शरारतों में मुझे बसे रहने दो...

मैं ना कोई किसी का मुरीद, ना किसी का पीर,
ना मैं फ़क़ीर, ना मैं मुल्ला।

मैं बेनाम गुमगुश्ता...
मुझे बेनाम रहने दो।

-*Masrath*

15. Wallow

An emptiness, a wallow.
Unsure of what I run behind,
Unsure of that which I seek.

It's madness and chaos all around.
I stand still with raging storm inside,
As every minute shreds me apart.

Running away from a crushed past,
As it tries to take me in, to make it my present.

I crave to save my corner where it's just me:
My land of nothingness,
My land of stillness,
My land of silence,
My land of peace.

It's madness all around.
Unsure of where I'm heading to,
Unsure why I'm moving through,

Unsure of what I'm seeking for.

Closing myself from the sounds of my soul,
Sealing the songs of my heart.

Unsure of who I see in the mirror,
Unsure of what makes me happy,
Unsure of why it makes me happy.

Dear God,
Dear soul, help me to help myself.
Put myself back to where I was,
And bring in the desire to let myself go from my past,
from today.
Bring my balance back to me.

16. Time, pass me by one more time

Time, pass me by one more time!
That's all I ask, Time!!

Let me live one more time,
Come pass me by one more time!

There's a lot I want to talk.
There's a lot I want to read out to you.

Tell me what you can do, one more time!!
Please, Time, pass me by one more time!

I've lived time on and on, but no moments I've lived.
So, just to live, create a moment! Come over, Time! One
more time!!

I'll dust you off, freeze the moments to live and die,
A thousand times!! Oh, Time, come on, one more time!!

With every tear that rolled down the cheek,
I'll hold it there,
Just so I know now they weren't worth anyone here.

Let me rewind,
Let me not love,
Let me not crave,
Let me just live!

-Masrath

17. Asal Wajood kya hai?

Shikwa shikayat ka sabab kaisa?

Shikwe toh apnon se kiye jaate hain.
Paraaya bana diya humko, ab tum se gila kaisa?

Tumhe di thi jo kabhi chaahaten,
Jin mein dhoondhte the woh raahaten...

Bas hum dhoondhte hi reh gaye,
Aur tum apni hi dewaaron pe hamari alag hi tasveer
banate chale gaye.

Yeh kaun hai jisko tumne banaya hai?
Yeh ajnabi main nahi...
Bas yahi samjhaate samjhaate umr guzar gayi.

Tumhari banayi tasveer mein na dhal sake,
Par tumhare yaqeen ne khud mere wajood pe sawaal sa
la diya.
Main khud kaun hoon? Mera asal kya hai?

Jo tumne banaya, ya jo khud main hoon?
Bas yahin dhoondhte dhoondhte kahin kho chuka hoon.

Ab bas mujhe yahin gumshuda rehne do.
Ab ajnabi sa rehna seekh liya hai.
Mujhe apna hone ka ehsaas na do.

Yeh dooriyon mein jo rishte bandhe hue hain,
Bas inhe yun hi rehne do.
Nazdikiyon ki maut na do
Inko... ajnabi ajnabi se hi rehne do.

-Masrath

शिकवा शिकायत का सबब कैसा?

शिकवे तो अपनों से किये जाते हैं।
पराया बना दिया हमको, अब तुम से गिला कैसा?

तुम्हें दी थी जो कभी चाहतें,
जिनमें ढूँढते थे वो राहतें...

बस हम ढूँढते ही रह गये,
और तुम अपनी ही दीवारों पे हमारी अलग ही तस्वीर बनाते चले गये।

यह कौन है जिसको तुमने बनाया है?
यह अजनबी मैं नहीं...

बस यही समझाते समझाते उम्र गुज़र गयी।

तुम्हारी बनायी तस्वीर में ना ढल सके,
पर तुम्हारे यक़ीन ने ख़ुद मेरे वजूद पे सवाल सा ला दिया।

मैं ख़ुद कौन हूँ? मेरा असल क्या है?
जो तुमने बनाया, या जो ख़ुद मैं हूँ?
बस यहीं ढूँढते ढूँढते कहीं खो चुका हूँ।

अब बस मुझे यहीं गुमशुदा रहने दो।
अब अजनबी सा रहना सीख लिया है।
मुझे अपना होने का एहसास ना दो।

यह दूरियों में जो रिश्ते बंधे हुए हैं,
बस इन्हें यूं ही रहने दो।
नज़दीकियों की मौत ना दो
इनको... अजनबी अजनबी से ही रहने दो।

-Masrath

18. Safar

Bas jeene de, ya Rab, do pal hi sahi... jeene de!!
Kis hasrat ki kitni hayaat ho, Khuda jaane!!
Bas mere is pal ki umr daraaz kar, Khuda...

Main kya jaanun meri mohlat kitni? Main kya jaanun
meri khushi kitni?
Jo di hain, samet lene de...
Bas itni si ibteda...

Na ho koi fikr kinaare ki,
Na main manzil talaashun...
Hamara safar hi manzil dharun...

Bas yunhi toh chalta chale...
Manzil pe rukhsati ka khauf hoga...
Bas Khuda, mera safar qaayam rakhna. Mere hamsafar,
mere hamraah ko hamesha mere sang rakhna.

Manzil ka khauf nahi hai hamein.
Safar khatam hone ka khauf nahi hai.

Mere hamraah, mere humsafar ka saath khatam hone ka
bas khauf hai hamein.

-Masrath

बस जीने दे, या रब, दो पल ही सही... जीने दे!!
किस हसरत की कितनी हयात हो, ख़ुदा जाने!!
बस मेरे इस पल की उम्र दराज़ कर, ख़ुदा...

मैं क्या जानूँ मेरी मोहलत कितनी? मैं क्या जानूँ मेरी ख़ुशी कितनी?
जो दी हैं, समेट लेने दे...
बस इतनी सी इब्तेदा...

ना हो कोई फ़िक्र किनारे की,
ना मैं मंज़िल तलाशूँ...
हमारा सफ़र ही मंज़िल धरूँ...

बस यूँही तो चलता चले...
मंज़िल पे रुख़सती का ख़ौफ़ होगा...
बस ख़ुदा, मेरा सफ़र क़ायम रखना। मेरे हमसफ़र, मेरे हमराह को
हमेशा मेरे संग रखना।

मंज़िल का ख़ौफ़ नहीं है हमें।
सफ़र ख़त्म होने का ख़ौफ़ नहीं है।
मेरे हमराह, मेरे हमसफ़र का साथ ख़त्म होने का बस ख़ौफ़ है हमें।
-Masrath

19. Lake

There's something that's always so beautiful about the
moving clouds,
Clear skies,
The butterflies...
The still yet moving lake.

It was there, still and beautiful—
The lake my eyes beheld.
The beauty... the quiet, the silence, the moment it makes.

It wasn't the lilies; it wasn't the white swans.
I keep watching the reflections of the lake,
The vast sky it inhaled,
The crystal lights it was proud of, as if they were its own,
The green trees always trying to kiss its shore.

Oh, the beautiful lake, how mesmerised you were!
The gushing wind, chirping birds,
The humbling sways and thuds of trees talking to you —
Just as if they were all meant for you.

So quiet yet so deep, a sea in itself,
An ocean in itself, thriving with the life around you—
Yet so humble of you!!

There's something so beautiful about you.
All one needs to see is a calmer you.

While I attempt to be an ocean,
Let me at least be a beautiful, humble lake like you,
Thriving life around you.

Oh, dear lake, there's something so beautiful about you!

-Masrath

20. It's You !

Let not the world tell you what you are.
Let not the world tell you who you are.
Don't let them decide what you think about what you
see in the mirror.

Let them not be the sun you need to see who you are.
Be your own sun! Be your own light!
Be the guiding light! Be everything you ever wanted to
be!
Be everything that they said you could never be!

You need no one to validate you.
You need no one to tell your worth.
For you, my dear! Dear! Dear! Are priceless!!

So be it.
Let them celebrate their illusions.
Let them believe what comforts them...
Little sulking souls... If belittling you gets them joy, let
them do it. You are still the source of joy to them.

You are your boundary...
You are your creator.
You are your destroyer.

Let's promise to continue to create love, opportunities,
optimism, and peace.
Let's promise to continue to destroy everything that said
you can't... Though it's a corner inside your own heart...
let's destroy!
Let's weed it out, for it's you who defines your
boundaries!

-Masrath

21. Akhri Khat Nahi

Yeh akhri khat nahi,
Par ek nayi seher ka paighaam hai.

Tere naye aalam ka elaan hai.
Tu zarra ho ya baraya zarra...
Teri taaqat ka tu ehsaas kar!

Zarre zarre se hi bani hai duniya;
tho tu apne wajood ki taaqat ko pehchaan,
Tu apni duniya ka kaarigar ban!

Us Khaliq-e-Khuda pe bharosa rakh.
Us ke bandon se kya ummeedein?
Tu apni himmat pe ummeed rakh!
Apne yaqeen pe yaqeen rakh!

Naye josh se,
Nayi raah se,
Apne naye mustaqbil ki aur badh!

Yeh akhri khat nahi.
Naye aalam ka elaan hai.
Ek naye "Tu" ka aghaaz hai!

Yeh akhri khat nahi,
Yeh akhri khat nahi,
Yeh akhri khat nahi...

-Masrath

यह आख़री ख़त नहीं,
पर एक नयी सहर का पैग़ाम है।

तेरे नये आलम का एलान है।
तू ज़र्रा हो या बराया ज़र्रा...
तेरी ताक़त का तू एहसास कर!

ज़र्रें ज़र्रें से ही बनी है दुनिया;
तो तू अपने वजूद की ताक़त को पहचान,
तू अपनी दुनिया का कारीगर बन!

उस ख़ालिक़-ए-ख़ुदा पे भरोसा रख।
उस के बंदों से क्या उम्मीदें?
तू अपनी हिम्मत पे उम्मीद रख!
अपने यक़ीन पे यक़ीन रख!

नये जोश से,

नयी राह से,
अपने नये मुस्तक़बिल की और बढ़!

यह आख़री ख़त नहीं।
नये आलम का एलान है।
एक नये "तू" का आग़ाज़ है!

यह आख़री ख़त नहीं,
यह आख़री ख़त नहीं,
यह आख़री ख़त नहीं...

-Masrath

www.ingramcontent.com/pod-product-compliance
Lightning Source LLC
Chambersburg PA
CBHW052303150726
47996CB00020B/2378